개뿔

개뿔

이은숙 시집

머리글

갓 서른이 되었을 때
아버지가 두 번째 이름을 주셨다.
아호 주자천朱子川이다.
울울창창한 원시림, 운장산 밑둥을 굽이도는
맑고 시린 주자천 계곡
저 푸른 물줄기처럼
거침없이 도도하게 흘러가라 하셨다.
오래전 물이 되어 바다로 간 아버지
나도 그렇게 아버지의 바다로 가리라.
상처도 세월 가면 살이 되듯이
비바람 멎고 나니 숲이 더 푸르다.

2024년 10월 무작정 여행자

朱子川 이 은 숙

차 례

머리글 …4

1부 꿈없는 잠

모녀한담 1…15
모녀한담 2…16
모녀한담 3…17
진안고원길…18
상족암에서 공룡 발자국 밟다…20
잘…22
꿈없는 잠…23
한 생애가 비리다…24
우수에서 경칩…26
확신…27
달력유감…28
선릉역에서…30
묵정밭…31
부부싸움…32
빈의자…34
가짜뉴스…35
대장간 풍경…36
내가 사랑하는 것들…37

2부 아직도 그렇다

친애하는 죽음씨 1…41
친애하는 죽음씨 3…42
화양연화…44
마음의 길…45
참시인…46
매미 허물…47
운일암 반일암…48
홍어를 먹다…49
목단 심는 날…50
아파트 분양공고…52
청산도 아침…54
입동즈음…56
초복…58
생각의 길…59
이불 한 권…60
동음이의어…61
만족에 대하여…62
한의원에서…63
백로아침…64
아직도 그렇다…65
다짐…66
디카페인 커피…71
개똥밭 예찬…72

3부 터무니

만약에…73

분리수거 하는 날…74

사람 간수 …75

정처 2…76

부정맥 2…78

심장내과에서…79

임플란트를 심다…80

그날 2…81

그 여름, 헬싱키…82

슬픔의 온도…83

명약 2…84

터무니…85

과유불급…86

내 나이 일흔…87

아버지 2…88

아버지 3…89

아버지 4…90

아버지 5…91

천국여행…92

의자…94

미분화세포…96

흘러가는 강물처럼…98

봄은 안녕합니다…100

봄날은 갔다 1…101

봄날은 갔다 2…102

4부 피에르로티 언덕

독감 1…107
독감 2…108
독감 3…109
담…110
마지막 봄…111
푸른 집을 허물다…112
그 밤 봄비…113
이명…114
틈 1…116
틈 2…117
틈 3…118
폭우…119
봄이 함락되다…120
탐나도다…122
설날 아침…123
박동기를 심다…124
일상 다반사…126
개꿈…128
유빙…1129
피에르로티 언덕…130

해설

살아있음의 증거,
온기의 파산을 막는 참 시인의 힘 …134
구미리내 명지대객원교수
　　　　문학박사, 문학평론가

개뿔

이은숙 시집

1부

꿈없는 잠

모녀한담 1

어느날 엄마 떠나시고
제사에 초대해도 안 오실 줄 알아요
그래서 살아 계실 때
맛있는 거 사드릴게요

뚝배기에 밥을 말았다
뜨거운 열기가 코끝을 데운다
눈이 맵다
아직은 죽지 않은 에미의 제삿날

늬들끼리 밥 한 끼 먹다가
혹시 서운하다 싶거든
맥주나 한잔 따라 놓거라
그럴 일 없겠지만,
무덤 같은 거 만드는 짓
절대 사절이다
국밥집을 나오며 딸이 하는 말
"이거 시로 쓰세요."

모녀한담 2

마루에 큰 大자로 누웠다
비 머금은 바람이 후텁하고
목쉰 매미 소리가 창틀에 끼었다

엄마 쉬시는 중?
아니 충전 중!

사람도 충전을 시킬 수 있으면 좋겠어요
옆구리에 코드 꽂아 두면 힘이 꽉꽉 채워진 뒤
연두색 불이 켜지면 좋잖아요

나는 큰 大자의 몸통을
뒤집었다

모녀한담 3

엄마 시집 언제 내셔요?
글쎄다
제목부터 정할까?
생각 해 둔 거 있어요?
동음이의어
너무 문법적이여요
차라리 동음탈락,
뜻은 괜찮지만
문법 골치도 안 아프세요?

개뿔, 어때요?
개뿔 개뿔 입에 착 감겨요
개뿔, 퍽도 감긴다

진안고원길

백악기 1

노령산맥과 소백산맥 중간에
馬耳山마이산이 산다
산 하나가 한 개의 귀
두 개의 커다란 귀가 박제된 산이다.
하늘의 말과 땅의 말을 듣는 귀
거대한 수성암 암갈색 귀만
땅 밖으로 자라났다

몸통은 언제쯤 만날 수 있을까
다시 수억 년의 세월이 지나면 그때
천둥소리 앞세워 우뚝 솟을까
중생대 백악기의 끝자락에 솟은 山

나도 세 번째 귀를 열고 듣는다
백악기의 언어,
고요한 바람도 귀를 세운다
수억 년 차곡차곡 쌓이고 깎인 山

바람은 백악기의 언어로 말한다
아직도 山은 쑥쑥 자라고 있노라고

8월 숲은 우거질 대로 우거진 盛夏성하
'연인의 길'이라 이름 지어진
마이산 고원길에서 아침을 맞는다

상족암에서 공룡 발자국 밟다
백악기 2

맨발로 바윗길 걷는다
발바닥에 전해지는 공룡의 숨결
백악기를 모르면서 백악기를 느낀다

바위에 찍힌 내 발자국

어떤 공룡이 우연히 내 발자국을 발견하고
수십억 년 전 인간이라는 종의 발자국이라며
한동안 시끌시끌하겠지
공룡 과학자들이 연구하느라 머리를 싸매고
사라진 종의 실체를 알아내려 하겠지

인간은 초식동물일까
아니면 육식동물일까
둘 다 먹어 치우는 동물일까
모를수록 거창한 상상을 하다가
결국, 알아내겠지

인간이라는 종은 서로를 잡아먹은
유일한 종이라는 걸 밝혀내겠지
서로를 잡아먹다가 멸종된 끔찍한 種종
그러니까 내 발자국은
동족을 잡아먹던 種, 이라는 논문으로
공룡 과학상을 거머쥐는 게 아닐까?

잘

바람이 불면 나도 바람 되고
꽃이 피면 마음도 함께 피우고
강물이 흘러가면 나도 흘러가고
젖은 마음이 접혀서
나비 날개처럼 접혀서 흔들려 주고
어쩌면 한 백 년은 이렇게 살아질 거야
작정하고 살아가는 게 아니라 그냥 살아질 거야
내 전생중 한 생애가 황하강 들판 들풀이었음을
생생하게 기억하겠지

여러 개의 生을 다시 살 수야 없겠지만
그때마다 이렇게 살아질 거야
흘러가는 강물이듯 순순하게 흘러가는 거야
그렇게 사는 게 사는 거야
나는,

꿈 없는 잠

밤새 자작나무 한 짐 지고 걸었다
산 하나를 짊어져 내렸다
자작나무의 무게만큼
등짝에서 내린川이 흘렀다

강물 가장자리가 소금밭처럼
하얗게 얼어들던 지상의 하루
나무 위에 앉은 박새 한 마리
콕콕 새벽을 쪼아 먹는다

한 생애가 비리다

똥을 빼고 대가리를 떼고
어깨와 허리가 뻐근하게
멸치 한 상자를 다듬었다

대가리는 볕에 말렸다
바싹 마른 멸치 대가리는
공이질 몇 번에 가루가 된다

싱싱하던 은빛 멸치
푸른 바다를 유영하며
팔딱이던 멸치 떼가
한 줌 가루로 업장 소멸이다

절구공이를 내려놓고
가루가 된 멸치 대가리를 본다
어디에도 멸치는 없다
바다도 없고 파도도 없고
더군다나 生은 없다

내 등 뼈가 아프다
뒷목이 뻐근해 온다
나도 그 어떤 날,
이렇게 한 줌 가루가 되어
어떤 이들의 등을
아프게 할 수도 있겠구나

우수에서 경칩

마음 밭을 흘러가는 물줄기
고랑을 적시고
비탈을 적시고
가시덤불에 덮힌 채 말라 있던
살아간다. 는 말
그 말의 새순이 파릇해지면
나는 또 길을 나서리라

산다는 건 눈물겹게 팍팍하지도
몸서리치게 무서운 것도 아닌
그러니까 견딜만 한 거다
한 뼘의 봄볕이
생명을 피우거든

확신

하늘에 검은 장막이 쳐지고
소나기 퍼붓는다
천둥소리 우르르 꽝
우르르 꽝 꽝
푸른 칼날이 춤춘다

'나는 참말로 죄진 놈이
벼락 맞는 줄 알았당께'

창문을 타고 흐르는
생전의 시어른 말씀

'벼락 맞을 놈'

달력 유감

날력이란 게 사람의 계산과 편리로
만들어진 것이거든
애당초 시작과 끝이 따로 있었던 게 아니지
태어나서 살아가는 과정을
깍두기처럼 잘라 놨어
결국 그 과정을 수없이 반복하고
또 반복하면서 나이라는 걸
먹었다고 생각해
나이는 먹는 게 아니야 절대로
먹을 수도 먹힐 수도 없어
그런데 나는 몇 살이오
그렇게들 살아가지

나도 할 수 없이 그래

예전에는 이런 생각 하지않았어
당연한 줄 알았으니까
하필이면 열두 달로 나눠서 복잡하잖아

그냥 흘러가게 놔두면 좀 좋았겠어

찔래꽃이 피는 걸 오십 두번 봤다던가
감나무 잎이 서른여섯 번 붉어졌다던가
아니면 상엿집 건너 들판에 무서리가
예순 번째 내렸다던가

선릉역에서

인생에서도 환승역 있다면
두서너번 환승을 할 수 있다면
내가 원하는 삶을
살아볼 수 있을까

돌아가기엔 아주 멀리 와 있지만
한 번쯤 되돌아 가거나
뜻밖의 장소를 갈 수 있다면
아마도 나는,
모모 氏가 살고 있는
개똥밭역을 지나쳐 가는 건
아마 쉽지 않을 것 같다

묵정밭

갈아엎고 싶은 마음 밭 있다
있었다
파종한 씨앗 싹은 트지 않고
어디선가 바람에 날려 온 풀씨가
제 맘대로 뿌리 내렸다
척박해진 밭
돌멩이 틈, 바위 틈,
그 작은 틈으로 어찌 저리도
실하게 뿌리 내렸을까

생존은 때로 눈물겹기도 하지만
끔찍하게 비루하고 더 징그럽게
슬플 때 있다

나는 어느 별에서
이 지구별로 온 것일까
왜 왔을까 생각하니
틈을 메우려고 온 거였다

부부싸움

티브이 속보가 뜬다
강릉에서 산불이 났다
바람이 펄펄 끓어 넘치고
산도 들도 집도 타고 있다
기어이, 하늘도 새카맣게 타 버렸다

새벽잠이 덜 깬 채
새까맣게 탄 집터를 바라보는
맨발의 노인
하늘도 내려앉고
서까래도 무너진 한 생 앞에
장승 되어 서있다

청춘도 저렇게 불타지는 않았을
평생이 저렇게 녹아나진 않았을

오붓한 저녁상을 마주하고
하루치 고단함을 나눠 먹던

노곤한 부뚜막의 온기가 파산했다

낮부터 비가 내리기 시작했고 큰불이 잡혔다.
서서히 불길도 잦아들어 간다.
그러나 충분한 강수량이 아니라서 어딘가에 잔불이 남아 있을 수 있다고,
 숨어 있는 불씨를 안심하지는 말라는 친절한 저녁 뉴스를 본다.
 아나운서의 목소리가 매캐하다.

빈 의자

누군가는 내게 의사가 돼 주었나
등을 기대고 쉴 수 있는 의자
가끔은 눕기도 하는 의자
나도 어떤 사람의 의자였고
앞으로도 의자일 것이다

그러다 등이 배겨 옮겨 가거나
튼튼한 새 의자를 장만하거나
아니면 아예 의자가 필요 없어져
아궁이 땔감이 되기고 하겠지만
나는 지금 누군가의 의자다
그리고 당신도 내 의자다
아직은,

가짜 뉴스

분리수거 하듯 사람도 수거함에 내다 놓을 수 있다면
날마다 수거함이 넘치고 넘쳐 산더미처럼 쌓일거라고,
수십 년 살아서 밍밍한 마누라도 슬그머니 내놓을 것이고
속 썩이는 서방도 탈탈 털어 수거함에 휙! 던질 것인데
그중에 퇴직한 아버지, 제일 많이 내다 놓을 거라며
웃기도 차마 서글퍼지는데 혹시 비밀스런 장소 있을지도,
그런 곳 있는 거 아냐? 갑자기 입안에 군침이 고여서
은근하게 물었더니 아직은 확인된 게 없고
간간이 바람결에 뜬 소문만 불어 오더래나 머래나

대장간 풍경

애간장 녹는다는 말
외할머니 주문 같은 뜨거운 그 말
누구나 살면서 몇 번씩 녹았었다

녹을 뻔했지
녹는 줄 알았지

정말 녹아지는 거라면
오장육보 제대로 갖고 사는 이
몇이나 될까

어떤 이는 평생 녹았다 하고
어떤 이는 크게 서너 번 녹았다 하고
어떤 이는 지금 녹는 중이라 하고
어떤 이는 다 녹아서
아무것도 없다 하고

내가 사랑하는 것들

옹이 박히고 휘어지고 굽어지고
더러는 칡덩굴에 감긴 채 서 있는 나무
산벼랑 바위틈에 뿌리 박힌 나무
바람에 몸을 낮춰 자라지 못한 나무
오가는 이의 눈길에서 멀어진 나무

자잘한 상처가 많은 사람
상처가 덜 아물어서 종종 피고름이 나는 사람
거친 살이 감당하느라 어긋나는 사람,
반듯한 게 견딜 수 없어 틀어진 사람
세상 밖으로 한 발을 내밀고 사는 사람
제 상처를 물어뜯으며 고통을 덮는 사람

밥을 짓고 온돌을 달구는 건
아무짝에도 쓸모없을 것 같은
굽고 휜 나무

2부

아직도 그렇다

친애하는 죽음 氏 1

그대 더 기다려 줘요
서두르지 않고 갈게요
타박타박 갈게요
저만치 동구 밖에서
기다려 주셔요

우리 처음 만남이니까
손 흔들어 주시어요
내가 알아볼 수 있게요

친애하는 죽음 氏 3

산길이나 들길에서 만나는
무덤은 그냥 평온하다
그 곁을 지날 때면
가끔은 아는 이를
만난 것 같은

놓아 버린 것들을 기억하고 있을까!

아무것도 달라지지 않은 세상은
잠시 슬픔의 몫을 나누고
무심히 잊혀 진다

죽음은 나와 팔짱을 끼고 동행하는데
언제나 나란히 누워서 잠을 자는데
등 뒤에서, 어깨 위에서
내 품속에서
처음부터 늘 함께 였는데

죽음 氏
모른 척해서 미안해요

화양연화

가슴 속에 화산 구멍 몇 개 있다
오래전 꺼진 채
시커멓게 그을음만 남은 것과
아직은 온기가 남아 있는 것과
다 꺼지지 않아 모락모락 연기가
간헐적으로 올라오는 것과

그러나 알수 없다
어느 날 예고도 없이 솟구쳐 터질
활화산, 언제 어느
심장으로 그게 터질지

마음의 길

내가 나와 가까워 질수록
내가 나를 외면하지 않을수록
선명한 길이 난다

참 시인

쌍계사 빚꽃 나들이 갔다
때가 지나 꽃이 지고 있다

화계장터로 내려올 때
택시를 탔다
"벚꽃이 많이 지고 있네요"
기사가 웃으며
"잎이 꽃을 밀어 올리는 거지요"

정수리에 반짝
움이 튼다
내 정수리에도 한 송이 꽃을
밀어 올리는 이파리가 있다는
그래서 늙어 가는 게 아니라
푸른 잎을 밀어 올리는 거라는
저 홀로 쓸쓸하게 지는 게 아니라
사람도 꽃도
다시 피는 거였다

매미 허물

어느 날 보니 그대가 없다
언제부터였는지 모르겠다
사람을 돌아다 본다

그대도 나처럼 내가 어느 날
곁에 없음을 알았을까
아니면 여적 모를까
있는지 없는지 모를 만큼의 관계란
세상에서 가장 가깝거나
가장 먼 사이

어쩌면 내곁에 늘,
있다고 생각하는 그대가
아주 오래전에 떠났는데
여전히 있는 줄

운일암 반일암

물길은 변하지 않는 줄 알았다
어렸을 적 멱 감던 냇가에 갔더니
물길이 바뀌어 있다.
긴 세월 동안 보이지 않게 물길은
쉼 없이 새 길을 냈던 것인데

우리는 마음이 변한적 없다
다만 움직였을 뿐,
각자 흘러가며 물길의 방향이
틀어졌을 뿐이라고
세세한 설명이 때로는 변명이 된다는 걸
우리는 이미
몇 번씩이나 겪었으니까
돌고 돌던 물길이
처음 그 길로 돌아는 올지

홍어를 먹다

항상 내게 오는
나이가 기다려 진다
나이 드는 것
늙어 가는 것
불편과 불안이 날마다
늘어나고 튼실해 진다
그래도 늘
새롭고 신선하다
오십을 기다렸고 이순은
손꼽아 기다렸다
다시 칠십을 기다린다
잔잔하게 설레인다
한 번도 마주한 적 없는
아련한 칠십을 기다린다
하여 오늘도 출렁인다
오! 칠십이라니
이 얼마나 기가 막힌가
곰삭힌 그 맛을 상상한다

목단 심은 날

가을이 다 가는 아침
마당 한쪽에 구덩이 팠다
뿌리가 누울 자리 눈대중 가늠,
붉은 다섯 개의 뿌리
뿌리는 뿌리끼리 얽히고설킨 채
숨 고른다

젖은 흙을 다지고 밟아 주고
내년 봄날이 심긴다

포실한 흙구덩이에
나란히 눕는다
어둡고 깊은 땅 속
혈관 속 수액을 나눠 마시며
뜨겁게 끌어안고
냉기를 덮히리라
가을 지나 겨울마저 깊어지면
세상 잊은 채 잠들리라

한겨울 동면에서 깨어난 봄
나 새사람으로 싹이 터
붉은 꽃대 입에 물고
크고 환하게 피리니

하늘 한 채 덮는다

아파트 분양 공고

내 속에는 몇 개의 방이 있는지
그 방마다 어떤 내가 들어 있는지
나도 모르는 내가 몇이나 될까
한 번도 열어보지 못한 방
열어 보지 않은 방,

살면서 몇 개의 방문이 열릴까
그 문을 열고 어떤 내가 나올까
웅크리고 안에서 문고리를 걸고 있는 나
밖에서 기다리는 나에게 냉정한 나
비정하게 모르쇠로 버티는 나

발톱이 없는 나약한 나와
감춰두었던 발톱을 세우고 공격하는 나
내가 나를 할퀴고 물어 뜯는다

오늘은 또 어떤 방이 열릴까
그 안에서는 어떤 내가 나올까
어쩌면 죽는 날까지 열리지 않고
대못이 박힌 채 닫혀 있을,

평생 내 속의 방 숫자도 모른 채
살다가 떠나가겠지
내가 한 번도 만나 본 적 없는 나를
도처에서 만난다 철렁
무서운 내가 있다.

청산도 아침

불현듯 뒤돌아 본다
내가 살아 낸 길이 아득하다
혼자이거나 아니면 나란히
팔을 끼고 걷거나 때로는
등짐도 나눠지고 걸었던

삼복 무더위 길
동구밖 느티나무 아래
숨을 고르던 그대도
슬그머니 팔을 풀고 떠났다
산길도 들길도 진흙 창 길도
드문드문 꽃길도 걸었다

돌아보니 기억이란 믿을 게 못 돼
생각하고 싶은 대로 꿰맞춘 게
알게 모르게 많았다
잊고 싶은 건 생생하게 보이고
잘라내고 싶은 날은 더
질기고 건재하다
진정 보고싶은 건 흐릿해져
긴가민가 아득해 진다

입동 즈음

서른 즈음, 김광석의 노래를
혼자 흥얼거리곤 했다
생각지도 않게 불쑥불쑥
입안에서 씹히는 노랫말

어느 날엔가는 불혹 즈음이더니
쉰 즈음이다가 드디어
이순 즈음으로 제목이 바뀌고
기어이 칠십 즈음,
이제 마디마디 즈음으로는
돌아갈 수가 없이
멀리 와 있다

무릎이 팍팍하고
흙탕물에 질척일 때 있었다
종아리에서 찰 찰 찰
시냇물 흘러가는
시린 여정이 지나고 나니
늘 그막에 누리는 무난한 일상
바람 좋고 볕 좋은
팽나무 아래 눕는다

초복

살아오는 동안
죽 쒀서 개 준 적 있다
물론 처음에는
사람에게 줬는데
한참 뒤에 보니 개였더라는

아무렴
사람도 개가 되는데
개라고 사람이 될 수 없으랴

어느 늦은 가을날
유기견 되어 사라진
한 마리 개가
저벅저벅 사람 되어 걸어오리니
틀림없이 한 놈쯤은
환생하여 돌아오리니

생각의 길

생각이란 게 마음과 달라서
내 맘대로 되지가 않는다
나무는 가만히 있고자 하여도
바람이 와서 흔든다
나도 더러
누군가의 생각을 흔든
바람이었을 터

이불 한 권
- 피는 꽃은 연습하지 않는다

새벽잠도 달아나고
바람도 차다
시집 한 권을 머리 끝까지
끌어 덮었다
한기가 따숩게 데워진다

클릭,
기침이 난다
시인에게 문자를 보냈다
시를 읽다가 눈물이 났어요
이제는 눈물이 없는 줄 알았는데
아직은 사람인가 봐요

목화솜 이불 답이 있다
눈물이 없다니
그대의 가슴 깊숙한 곳
우물 가득 고여 있는데

동음이의어

입을 언어의 집이라 하지만
건강한 언어 집 나간 지 오래
살아 있는 말 돌아오지 않고
지금 그 집에는
새파랗게 날 선 칼과
송곳과 망치가 있다
때로는 내 혀를 베기도 하는
면도날도 숨어 있다

만족에 대하여

차오를 滿만과
발 足족이다
물이 발목에 찰 만큼이면
충분함이다
목까지 차오르고
정수리까지 잠기는 게 아닌
딱 발목까지다

세끼 밥 거르지 않고
간간이 커피 마시고
가뭄에 콩나 듯
술 한 잔 마시고

두 다리 성해서 마냥 걷고
요주의 앙탈하는 심장도
아직은 투덜투덜 작동되고
밉다가 곱다가 말동무 있고
나라에서 재난기금도 받고

한의원에서

나에게 38선이 생겼다
남침의 징후가 없던
태평성대 칠십 년
이승만 정권 때처럼 나는
무방비였다

코로나가 창궐하자마자
동족상잔의 돌격,
경계를 긋느라고 뼈가 운다
종종 총소리 나고
어떤 날은 웅웅웅
확성기 소리도 난다

오늘처럼 시물거리는 날
삼팔선의 철책이 흔들리고
딸랑딸랑 종도 울린다
중심을 유지하는 일
통일보다 겨웁다

백로 아침

빛줄기 이내 굵어지고
다시 길을 걷는다
졸참나무가 흔들릴 때마다
풀내음 발등에 떨어진다
빗방울 싱싱하다

당신 이름이다.

아직도 그렇다

생각을 닫고 걷다 보면
마음 한 귀퉁이 비워진다
일부러 비우려 애쓰지 않아도
어느 사이 자잘한 돌들
체 구멍으로 빠져나가
큼직한 돌멩이만 제 자리에 박힌다
무거운 돌, 꿈쩍도 하지 않는 바위
치울 일 없다.
이미 내 몸이고 내 마음이다
함께 더불어 갈 것이니
가끔 존재를 확인만 한다

하늘 흐리다
한쪽을 잡아당기면
하늘님 눈물이 쏟아 지겠다
화르르르르

다짐

노릇노릇하게 구운 참조기
비싼 놈이라고 아까워서
뼈에 붙은 작은 살점,
마저 발라먹다가
가시가 목에 박혔다
물을 마시고 맨밥을 한 입 삼켜도
가시는 꼼짝하지 않는다

김삿갓도 아니면서
방랑만 하고 시는 언제 쓰냐는
그대의 일침. 단단히 박혔는데
채 빠지기도 전
또 한 개의
가시가 박혔다
내가 나를 삼킬 때마다
발바닥의 티눈 같은 통증
정수리까지 타고 오른다

그래 써야지
꿀꺽,
작심 사흘을 삼킨다

디카페인 커피

커피를 내린다
묵직하게 내려오는 오후
구수하고 향긋하다
카페인을 걸러 냈어도
맛은 커피다

사람도 그러하리라

모든 게 꽉 차서
빠진 게 없는 사람보다
한두 가지 부족해도
덜 여물었어도
그만하면 된, 그런 사람이라면
족하다

나도 당신에게 그만하면 된
그런 사람이고 싶다

개똥밭 예찬

지금 내가 사는 곳이
개똥밭인지 아니면
참외밭인지 알 수는 없지만
밭을 일구고 그 밭에서 땀 흘리고
그 밭에서
자잘한 수확을 하고
그 수확물로 차려진 작은
밥상에 둘러앉아
밥 수저 드는 일
결국 개똥밭이라는 건 우리들이
마지막에 당도하고 싶어 하는
바로 그
천국이 아닐까

3부

터무니

만약에

운수 좋아
팔십이 되려면

입추,
예닐곱 번 보내는 일
실연을 하여
시련 당하는 일

그 일

분리수거 하는 날

그대를 마음속에
켜켜이 담아 둔 일

얼마나 힘들었을까
얼마나 답답했을까

마음 밖에 내놓는 일
내놓을 일
내가 나로부터
편안해지는 일

그대 마음 밖으로
내 보내고 나니
그대 모습 오롯이 보인다
마음속 환하게 뜬다
이제사

사람간수

금은 색이 변하지 않는다
당연한 줄 안다
그래서 잘 잊힌다

그러나 금과 달리
가끔 공들여 닦아 줘야
은은 반짝인다
처음보다 더 윤이 나고
영롱 해 진다

정처2
- 돌아갈 곳이 있어 좋다

함께 여행했던 동생이
비행기 안에서 한 말이다
저는 무심코 한 말이었고
큰 의미를 둔 게 아니었는지
내가 물어도 기억에 없다

나는 여행이 끝나고
돌아올 때마다
그 말을 생각한다
일부러는 아닌데 생각이 난다
그래, 내게는 돌아갈 곳이 있지
돌아가면 쉴 수 있는 집이 있지
얼굴 마주 보며 큰 소리로
변함없이 잔소리할 식구가 있지
자잘한 우환덩어리가 기다리고
미뤄두었던 일들이 있지

돌아가는 건
다시 떠날 수 있음이다
정처란 정해진 곳이 아니라
잠시거나 아니면 한참씩이던
내가 머물고 있는 바로
여기다

부정맥 2

탁한 피가 고여있는
검은 심장에
부래옥잠 한 송이 심어야겠다

심장내과에서

아득한 저 옛날 주나라 황량한 들판의
한 포기 풀이었다고,
황하강 기슭의 이름 모를 풀이었다고
내 윤회의 한 점이 거기 그렇게
살아 있다

간간이 엄습해 오는 흉통
얼마나 쓸쓸한 들판이었기에
가슴이 이다지 푸석거리고 있을까

주나라 병사들이 말을 타고
황하강 벌판을 달려가고 있다
서까래가 쿵쿵 무너지는 말발굽 소리와
늑골 사이에서 울리는 병사들의 함성
나는 들판에 엎드려 작은 풀씨를 줍는다

임플란트를 심다

차라리 어린 노간주나무를
심을 걸 그랬다
한자쯤 되는 척추뼈가 곧은 놈으로
애 저녁에 심었더라면
지금쯤 실하게 자라서 가쟁이도 이파리도
향기롭게 입안을 채웠을 건데
심기에는 늦었다
척박한 땅을 어찌해 볼 수가 없다
밭두렁이 허물어져 흙 섬을
올려 부어도 금새 허물어질 거다

말뚝 감으로 첫 손 꼽아주는
노간주나무가 간절하지만
할 수 없다
노간주나무는 이미 늦었고
비를 맞으면 붉은 녹이 슬어대는 쇠심
허물어진 울타리에 심을 수 밖에

그 날2

절대 국화꽃 들고 오지 마세요
개망초꽃 한 다발 안고 오세요
혹시 철이 아니거든
장미꽃 놓아 주세요
꼭 빨간 장미 아니어도 괜찮아요
노랑 파랑 보라, 흰 장미도 괜찮아요
흑장미면 더 좋아요

살아서는 장미꽃다발 사양했지만
마지막 꽃인데 거절하지 않을래요
장미꽃 실컷 받아 보고
장미꽃에 폭 파묻혀도 보고
누구라도 차별하지 않을게요

흰 국화만 아니면 다 받아요
남들처럼 똑같이 흰 국화만 놓지 마세요
천지사방 꽃들이 많고도 많잖아요

그 여름, 엘싱키

난기류 때문에 비행기가
한 시간 지연 되었다
말로만 듣던 난기류

하늘에서 배 한 척이
파도 위에서 흔들린다
울렁울렁
나는 고요하고 싶은데
하늘만 빙그르 빙그르 돈다

평생 처음 하늘 멀미

한참을 하늘에서
흔들렸다
흔들렸다

난기류, 살면서 그대를 만난 것도
난기류 때였지 싶다

슬픔의 온도

터키가 화탕지옥이 되던 날
무너진 건물 틈에서
어린 생명 하나만, 살았다

꽃이 피었다

난리통 뉴스가 용암으로 넘칠 때
삼 년을 앓던 남자가 죽었다
식구들 찬 눈물을 덮고
그 남자는 갔다

꽃이 졌다

명약 2

나이 들면 추억을 먹고 산다는 말
그게 나이 든 사람들의
푸념인 줄 알았다
어느 날부턴가 나도 그러고 산다
아득한 것들이 어제처럼 가까워지고
죽은 것들이 거짓말처럼
살아서 내 마음을 반쯤 죽였다가
살렸다가 맘대로 한다
쓸쓸한 것이 하나 둘 늘어나고
모난 것들이 주머니 속에서
진양조 시름으로 둥글어 진다

사는 게 뭐냐고
별거 있냐고
쉽게들 말하지만
세상 어디에도 세월만큼 약발 좋은
명약은 없다

터무니

내 마음이 열입곱 살이라고 하면 믿겠냐
아버지가 지금 내 나이였을 때
내게 물으셨는데 어느 날 부턴가
이 말이 입안에서 굴러 댕긴다

아버지도 참,
예순도 훌쩍 넘었는데 무슨 열일곱 타령

입천장으로 어금니 사이로 때론 양쪽
볼이 볼록하게 굴러 댕기더니
드디어 그 말씀 뱃속에서
평안하다

아버지 한숨 주무셔요
이따가 깨워 드릴게요

과유불급

이 정도면 과하다
열 손가락 꼽아 보니
넘친다
애틋한 동무 있고
아직은 낭낭한
구순 어머니 잔기침 소리

갈 때마다 반겨주는
초록 숲길이 있고
곰곰 생각 수록
괘씸하기 짝이 없는 네가 있고
그래
이만하면 과하다
생인손 앓아가는 길고 짧은
우리가 있으니

우리라 불렸던,

내 나이 일흔

어머니 고맙습니다
스물한 살 꽃봉우리
우리 어머니 김선례
어느결에 꽃이 다 시들었습니다
그 꽃 속에서 피어난 딸도
어머니처럼 시들어 갑니다
함께 피고 지는 일
어찌 말로 그리겠는지요

거울을 들여다보면
어머니가 서 계셔요
빤히 날 바라 보십니다
요즈음은 매일 오셔서
거울을 닦아 주시지요

나는 어느날이 되면 내 딸들의
거울 속에서 살 게 될까요

아버지 2

아버지 만나러 간다
바람도 별도 함께간다
아버지 깜짝 놀라시라고
기별하지 않았다
어쩌면 우리 아버지
산도화 핀 운장산,
산어름 그림자 등에 지고
시눗대 숲을 걷고 계실게다

무덤가 할미꽃
다 지고 있겠다

아버지 3

어머니는 오늘 아침도
티비 연속극 보시다
금새 투레질 하신다
둥글게 등을 말아 쥐고
오르는 숨소리
푸 푸 푸

어머니는 버선발로
아버지를 찾아가는 걸까
이제 더는 내어 줄 비단실 없어
실의 끝을 잡고
그만, 고치가 되려는 걸까
얇은 고치 속 알몸으로 웅크린
이버지처럼, 이미니도
나비가 되는 꿈을 꾸시는 걸까

아버지 4

오랜만에 어머니와 잔다
이 짝으로 와 여그가 따셔
잠이 들락말락 할 때마다
가만히 나를 부른다
엄마 나 안 춰요

잠결에 느껴지는 온기
어머니가 내 손을 꼭 잡는다
나는 잠이 든 척,
손을 잡힌 채 가만히 있었다
한참 뒤 어머니 숨소리
가랑가랑 들리더니
스르르 손이 풀린다

어느 날 우리 어머니 이렇게
스르르 손에 쥔 한 세상을
풀어 놓으시고
먼 곳 아버지 집에 가시겠지

아버지 5

누구나 어린 시절은 동화다
슬프거나 즐겁거나
일상이 한 편의 동화다

초등학교 4학년 때
아버지가 사 주신 첫 동화책
마해송의 동화책이었는데
기억하던 제목이 아슴하게 잊혔다

아버지도 떠났고 마해송도 떠났다
나는 아버지의 기억을 하나씩 둘씩 잃는다
마음 곳간에 잘 쟁여져 있겠지 했는데
곳간 곳곳에 쥐구멍이 숭숭 뚫렸다

낟알이 새 나가듯
아버지의 기억도 그렇게
한 톨 한 톨 새 나갔다

천국 여행

어머니 어머니
아무리 생각해도 알 수가 없어요
내가 이 낯선 땅을 밟게 될 줄
지구의 생성을 만져 보게 될 줄
꿈에도 몰랐지요

여행을 떠나면서 알게 된 땅
노르웨이 최북단 외딴 섬
지도에 이런 이름이 있었군요
'로포텐 제도'

종일 걷고 또 걸어도
고요한 산과 들판에는
사람도 양 떼도 볼 수가 없어요
나무 한 그루 서 있지 않은 바위산은
함부로 넘을 수 없는 태초의 성벽이어요

어머니,
밤이면 초록색 오로라가 방안을 기웃대요
우수수 별들이 바다로 떨어지는 소리
어머니가 어릴 적 날 부르는 소리여요

아가 괜찮다 편하게 여행 하거라
네가 좋으면 에미도 좋단다.

어머니를 땅속에 묻고 열흘이 지났습니다
겨우 열흘,
십 년 같은 열흘에 신열이 나네요
어머니의 천국도 안녕한가요

의자

아파트 분리 수거함에 의자가 버려져 있다
수거비용 삼천 원을 납부한 종이쪽이 붙은 채
의자는 곧 실려 나갈 것이다
한때는 당당하게 가족의 쉼터가 되었을
사계절의 일상을 고스란히 만지며
적당히 거만한 자세로 등을 바쳐주었을
손때 묻어 반질거리는 느티나무 의자는
세월의 무늬만 선명하고 아무런 온기가 없다

칠이 벗겨지고 닳아진 다리에 쇠못이 박혀 있다

어머니의 고관절이 부러져 쇠심을 박았다
느티나무보다 더 푸르고 단단한 중심
버석거리는 골밀도는 자꾸만 땅속으로 내려갔고
깊어 질수록 처들어오는 수맥 줄기들,
쇠심은 무게를 버티지 못했고 다리는 무너졌다
녹슬고 부식된 전쟁터의 다리
이제 아무도 건너지 않는다

노을이 환하던 뒷곁 툇마루였고
맨드라미 붉게 핀 마당의 평상이었고
미루나무 사이 황톳빛 신작로였고
절대로 사라지면 안 될 우리들의 의자였던
어머니도, 그해 가을 아침
얼마의 값을 매긴 채 멀리 실려 나갔다.

미분화세포

막내동생 뱃속에 도둑이 들었다
따뜻한 방광 밑바닥에
넙치처럼 숨어들어
감쪽같이,
비밀스럽게
살고 있었다

남의 집 문패 위에
슬쩍 노란 별을 매달고
아궁이 가득
분화의 불을 지피고 있었다

봄과 여름이 두 번씩 오고
가을과 겨울이 두 번 갈 동안
놈은
쥐도 새도 모르게
발자국 소리도 기침 소리도
숨소리조차 내지 않고
살고 있었다
안전한 둥지를 만들며
무허가 집터를 다지던
그놈,
특별 불심검문에
덜컥, 꼬리가 잡혔다

흘러가는 강물처럼

'늙어 갈수록 시집살이는 젊어지는 거네'
어머니가 생전에 내게 해 주신 말씀이다
애들 키울 때 손 많이 가고 잠이 부족하던 젊은 시절
'그래도 품 안에 있는 지금이 좋은 거라네'

애들이 크면 만사가 편할 줄, 신경 쓸 일이 없어질 줄
내 마음대로 다 할 수 있을 줄, 빨리빨리 자라줄 줄

드디어 기다리던 어른이 되었다
내 손이 가지 않겠지 스스로들 알아서 살겠지
나는 대한민국 만세 부르고 홀가분히 살아가겠지
그런데 끝도 없이 손이가고 발이 가고
노심초사는 곱으로 늘어
어머니의 등이 휜다는 그 말,

저만치서
쓸쓸하고 어설픈 노인 하나가 가까이 오고 있다

'새끼들 더커 보게
클수록 어렵고 눈치 보며 살게 된다네'
외할머니가 어머니에게 그러했듯 어머니도 나에게
당당하던 해라체가 풀 죽은 하게체로 흘러 왔다

봄은 안녕합니다

봄이 기어이 나를 마중 나왔다

나는 봄의 등에 업힌 채
숨소리 듣는다
봄이 멈칫 걸음을 멈추면
숨소리 선명하다
내 등이 금새 따뜻해지고
살폿 잠이 든다

봄의 보폭은 딱, 한 뼘
봄의 심장에 물길이 난다
찰찰찰 찰찰찰

봄날은 갔다 1
-이세용 도예가를 그리다

꽃다지가 피었다고
기별하는 이
냉이 캐러 오라고
기별하는 이
여주 장날 시장통 그 집
순대국에 숟가락이
서나 안 서나
마주 앉아 지평 막걸리
마시자는 이

천지사방 벚꽃이
피고 또 피고
흐드러지다 기어이
난 분분 흩닐러도

다시는 그런 이
어디에도 없구나

봄날은 갔다 2
- 이세용 도예가를 그리다

후리지아 한 단을
신문지에 돌돌 말아 쥐고
성큼 문을 밀고 들어오던
화등잔만한 큰 눈

뒷짐 진 손에서 불쑥
꽃다발 내밀던 사람
엣수!
이게 뭐래요?
꽃이지 뭐유
한참을 나는 꽃대궁에
코를 박고 킁킁

봄이 잠시 혼절하던 저녁 무렵
인사동 전시장 돌아보고
골목 끝머리 옴팡집
가비얍게 소주 두 병
말갛게 비우던 그 봄날
환장하게 그리운 그
속절없는 봄날이라니

4부

피에르로티 언덕

독감 1

뼈 마디마디
매화꽃 핀다
한 땀 한 땀
바늘 끝의 봄
骨刻골각

독감 2

나는 어쩌면 나무인가 보다
여기저기에서 새순이 돋는다
어깨도 무릎도 발목에도
욱신거리며 꽃눈도 틔고

아무래도 나는
틀림없이
한 그루 나무다
새순이 톡, 돋을 때마다
발끝에서 정수리로 물이 오를 때마다
자꾸만 비틀비틀 누군가
머릿속에서 쟁기질을 한다
이랴 이랴

독감 3

내 몸 잊힌 곳 여기저기, 붉은
동백이 피고 있다
옆구리에서 콕콕 정 소리 난다
용궁사 벼랑에 또
잔 길이 나는가 보다

담

왼쪽 어깨에 밭을 들였나
두 마지기 밭고랑
톡톡 콕콕
엄지손톱만큼 살을 파고
봄 풀씨 두 개가 심겼다
이왕이면
논냉이나 꽃다지면 좋겠다

마지막 봄

새벽녘 창문을 흔드는 기척에
눈을 떴다 봄날이 간다
꽃 봉우리가 맺히는가 싶더니 잠시
한 눈판 것도 아닌데 천지사방

봄날이 가고 있다

이 사달이 날 동안 나는 어디서
무슨 짓을 하고 있었기에
느닷없는 이별을 당하는가

내 생의 마지막 봄이었던 그 해
광대나물꽃이 무리져 피던 들판에서
'우리 꽃저림 실다 깁시다'
선명한 자막으로 피는 그대
지금 어느 꽃으로 살고 있을까

푸른 집을 허물다

촉수를 뽑아 문
달팽이 한 마리
배춧잎에 붙어 있다

손 없는 달팽이가
제집을 끌고 간다
미동도 없던 이슬방울
햇살에 영글고

달팽이 집 풍경이
쨍그랑 깨진다
풀잎을 흔들자 새파란
풍경소리 연신
쏟아져 내린다.

그 밤 봄비

밤새 빗소리 곁에 누웠다
들리다 끊기더니 또 들리는
가랑가랑 봄비가 코를 곤다
내 팔을 베고 누운 봄밤
뒤척이다 뒤척이다
투레질 소리 맑다

돌아보는 일이 잦아진 요즘

봄비는 지금 어느 탱자나무 뿌리
한 목숨을 지탱하고 있는가

이명

봄이 들어서고 귀에서
물소리가 난다.
싸르락 싸르락 물결이
밀려가고 밀려 온다
물결 속에는 먼 곳 바람 소리
간간이 실려 온다

내 귓속에 낯선 여행자가
집을 짓고 있다

자박자박 걷는 소리
딸그락 달그락 망치질 소리
호이 호이 휘파람
불어 가며 집 짓는다

산 그림자 물결 따라
보랏빛 각시붓꽃
실려 오는 건 아닐까
가만히 귀에 귀를 기울인다
오랜만에 내 귀를 듣고
내 귀를 읽는다

틈 1

어깨쭉지 꼬물꼬물
빗물 고인 회전근개
실이 끊긴 채 틈이 생겼다

삭아진 날개 곁
새 날개
새순이 나오나 보다
그런가 보다

틈 2

틈이 있는 사람이 좋다
틈이 사람을 키우고
틈이 사람을 살게한다

풀꽃 한 송이 필 수 없게 꽉 찬
그런 사람이 아닌, 한구석이 빈
조금은 허물어져 틈이 있는 그대
틈이 있어야 내가
그대의 심중에 머물 수 있다

틈 3

한동안, 아니 오랫동안
시 한 줄 못 엮었다
시 쓰기를 끝냄이 아닌
시를 쓰는 것을 쉼
다시 엮일 때까지
쉰다고 해야겠다
휴休

핑계란 이렇게 사람에게
틈을 준다
나를 들여다보는 틈
두 눈감고 편안해지는 틈
틈으로 숨을 마신다

시詩야 편이 쉬거라

폭우

어느 날부터였더라
시작점을 모르겠다
새사람을 장만하는 일
새사람을 간직하는 일
도무지 알 수가 없다
이제는 인적 뜸해진
그대
마음 밭으로 가는 길

봄이 함락되다

천지가 꽃 사태로 난분분하더니
이틀간 내린 비에 무조건 항복이다
오랑케처럼 쳐들어온 된마파람은
무수한 꽃들을 땅바닥에 눕히고
드러누운 꽃잎들 젖는다

봄이 처절히 무릎 꿇었다

불타던 강물도 잔잔해지고
뚜벅뚜벅 발걸음 당당한 山
산들이 침묵을 깼다
연두와 초록이 하나로 뭉쳤다
연두는 초록이 되고
초록은 다시 연두가 되어 어쩌면
뜨거운 사랑을 할지도 몰라

강물로 첨벙첨벙 뛰어드는 봄날
승자도 패자도 없는 꽃들의 전쟁
빗자루에 쓸려나가는 死 월
봄의 무덤에 예를 갖춘다
아름다운 함락을 위하여!
-2024년 4월 11일 22대 총선일

탐나도다

갈 때 마다 처음이다
생경한 풍경에 매번
말이 어눌해진다
슬그머니 닻을 올리는
그 폐선
낯선 내가 나와 걷는다

정처를 두지 않고
바람과 비를 동무삼아
홀로 걷는 일은
열 번을 돌아봐도 기적이다

살아서 눈 뜨는 아침과
왼 하루를 베고 잠드는 밤과
불쑥 내가 나를 보듬어 안는 일
모슬포 항구와 애월 바닷길과
우도 돌담장과 종달리 유채밭 길
환장하게 눈부시다

설날 아침

베란다 창문 아래
분꽃이 피었다

입춘도 훌쩍 지난
정월 초하루
지난해 길 나선 꽃이
막 도착했다

뒤늦게 달려오느라
숨이 차는 꽃, 꽃대궁이
허리를 굽힌다

드나드는 이 없어
적당하게 고요한 집
올 세배는
분꽃에게 받는다

심장박동기를 심다

동생네 여벌 집이 있다
가끔 가서 사나흘 묵는다
마이산이 코앞에 서 있는 곳
아무 때나 무작정 갈 수 있는
내 집 아닌 내 집이다

비에 젖었을 때 갈아입는
여벌 옷처럼
별장이라는 이름 대신
여벌 집이라 부른다
생각만 해도 으쓱
어깨에 힘이 들어가는 단어

어느 봄날 낯선 포구를 걷다가
등 따순 소금밭에서
포실하게 잠들 수 있기를
숨이 찰 때마다
똑같은 주문을 외웠는데

나에게
여벌 심장이 생겼다
이제는 거침없이
사랑 할 일이 태산이다

일상다반사

쇼팽의 녹턴을 듣는 저물녘
따뜻한 커피생각
커피 캡슐을 통에 넣고
버튼을 눌렀다. 꾹

가을 낙엽 향이 내려 온다
오늘따라 유난히 진한데
제자리에 있어야 할
커피잔이 사라졌다

아뿔사!
컵을 놓지 않고 눌러 둔 버튼
커피는 계속 흘러내렸고
바닥까지 적시며
저 혼자 울고 있다

경건하게 또 경건하게
무릎을 꿇고 전장터를 닦는다
전멸한 커피의 뜨거운 상흔,
마음 밭에서 모락모락 김이 난다

개꿈

유월 한낮 대청마루에 앉아
참외를 먹는다 그러다
문득 궁금하다
그냥 외가 아니라 참외라니
참이라는 말은 옳고 바름인데
앞에 참을 왜 붙였을까

사람도 앞에 참이 붙으면
참사람이 되는데
세상 속 둘러봐도 참사람 드물다
참사람이란 참외처럼 향기롭거나
아니면 심성이 노랗게 잘 익은 걸까

곰곰 생각해도 나는 참이 아니다
그냥 사람이나 돼야겠다
언감생심 참사람이라니
거 참,

는가. 늙어감은 일반적으로 활기를 뺏기고 '색을 잃는 일'인데 '참 시인'은 늙어가면서도 색을 잃지 않으며 오히려 "푸른 잎을" 밀어 올린다. 화려한 꽃이 피는 일은 그저 자연적으로 발생하는 현상이 아니라 잎이 꽃을 밀어 올리는 노력, 안간힘에서 비롯됨을.

'늙어 간다'와 '쓸쓸하게 진다'는 모두 부정적 이미지를 가지고 있다. 거기에 '진다'는 아래로 향한다는 의미로 하강의 이미지까지 더한다. 부정적이고 쇠락하는 하강의 이미지를 가진 원관념을 시인은 잎을 "밀어 올리"고 "다시 피는 일"이라고 변용하며 '올리다', '피다'의 이미지 상승과 '다시'의 긍정의 이미지로 바꾸는 참신한 시도를 보여준다. 일상생활 중 택시기사의 한마디도 놓치지 않고 시로 탈바꿈 시키는 힘. 일상적인 현상들을 시적인 이미지로 전환시킬 수 있는 힘을 가진 자. "참 시인"이 아니고 무엇일까.

항상 내게 오는
나이가 기다려 진다
나이 드는 것
늙어가는 것
불편과 불안이 날마다
늘어나고 튼실해진다
그래도 늘

새롭고 신선하다
(중략)
오!칠십이라니
이 얼마나 기가 막힌가
곰삭힌 그 맛을 상상한다

- 시 「홍어를 먹다」 부분

　아리스토텔레스는 <시학>에서 일찍이 문학의 말씨를 다룸에 있어 가장 중요한 것은 비유를 마음대로 사용하는 것이고 이는 남에게 배울 수 없고 가져 올수도 없는 천재의 표적이라 한 바 있다. 홍어는 이 시인의 기발한 상상력과 비유가 정점으로 드러나는 대상이다. 「홍어를 먹다」라는 제목을 보고 진짜 홍어를 먹은 맛에 대한 감흥을 적은 시로 착각했다. 그러나 마지막 행을 다 읽고 나면 반전이 일어난다.
　어디서도 본적 없는 비유의 공식, 홍어=곰삭힌 그맛=칠순의 나이로 정리할 수 있다. 곰삭힌 홍어는 살아있는 신선한 활어 요리가 아니다. 삭히다= (일반이들의 미각에서) 상하다=신선하지 않다로 귀결된다. 보편적으로 봤을때 신선하지 않은 것은 부정적인 이미지로 다가온다. 그러나 이 시인의 손 안에서 홍어는 기가 막히게 삭혀진 작품으로 재탄생한다. 삭히다와 홍어가 만났을때는 한 지역을 대표하는

저 무덤 앞 묘비에 써 있는 이름들
그 들도 한때는 좋은 이웃이었고
사랑하는 가족이었고
살뜰하게 인연을 맺었던 사람들이다
죽었다고 등 돌리는 건
죽음보다 더 슬프다
살아있는 사람과 죽은 사람들이
생시처럼 살아 내는 곳

한참을 걸었다
안개 비가 걷혔다
이스탄불의 가을이 깊다

살아있음의 증거,
온기의 파산을 막는 참 시인의 힘

구미리내 명지대객원교수, 문학박사·문학평론가

시의 깊이를 따지는 일은 무의미할지 모르지만 시의 깊이는 곧 시의 힘이다. 힘 있는 시가 깊이 있는 시가 될 수 있다는 의미이다. 깊이 있는 시를 읽으며 독자들은 빠져든다. 그 끝이 어디 인지 모르는 짜릿한 막연함과 끝이 없다는 기대감이 작품에 빠져들게 하는 힘이 된다. 얕은 물을 사람들은 만만하게 본다. 빠져 죽지 않을 거라는 확신, 나도 할 수 있다는 자만이 얕은 깊이를 지배한다.

시는 그런 만만한 깊이에서 완성되지 않는다. 시의 힘은 끝없는, 보이지 않는 세계에서 퍼올리는 것이다. 결국 독자들 스스로 가질 수 없는, 그리하여 시인에게서 대리로 만족하는 상상 력(力)이며 상상력은 곧 시인의 경험을 바탕으로 시작되는 발상이다. 물론 발상이 기가 막혀도 제대로 표현되지 않는다면 그 깊이를 제대로 드러내지 못할 수 있다.
 창작의 고통은 여기서 비롯된다. 기발한 상상력만으로 작품이 되는 것이 아니고 (그것은 발명품과 다를 바 없다.) 글을 쓸 줄 안다고 표현이 완성되는 것은 아니기 때문이다. 여기, 일흔의 시인이 '참 시인'이 되기 위해 보이지 않는 세계에서 열심히 "푸른 잎을 밀어 올리는" 현장에 독자들을 초대해 본다.

쌍계사 벚꽃 나들이 갔다
때가 지나 꽃이 지고 있다

화계장터로 내려올 때
택시를 탔다
벚꽃이 많이 지고 있네요
기사가 웃으며
잎이 꽃을 밀어 올리는 거지요

정수리에 빈찍
움이 튼다
내 정수리에도 한 송이 꽃을
밀어 올리는 이파리가 있다는
그래서 늙어 가는게 아니라

푸른 잎을 밀어 올리는 거라는
저 홀로 쓸쓸하게 지는 게 아니라
사람도 꽃도
다시 피는 거였다.

- 시 「참 시인」 전문

    우리는 언어를 사물에 접근할 수 있는 단 하나의 길로 믿고 있지만 실은 언어란 사물을 대신하는 개념 혹은 기호에 불과하다. 그렇다고 언어가 사물의 껍데기만 표현하는 기능을 할 뿐인가. 그렇지는 않다. 언어는 그 안에 담긴 내용까지 드러내는 능력을 가지고 있다. 인간은 다만 그 사물을 가지고자 할 때 언어를 통해 접근하고자 할 수밖에 없을 뿐이리라. 이 방법에서 고안된 것이 비유의 언어라고들 한다.
    그런 의미에서 시 「참 시인」에서 '푸른 잎을 밀어 올리는'것은 보편적인 늙어감에 대한 시인만의 비유로 볼 수 있다. 시인은 시간의 경과, 자연의 섭리로 흐르는 나이 먹는 일을 보다 명확하고 구체적으로 언어를 통해 인식하고 있다.
    그런데 더 재미있는 일은 꽃이 피고 지는 일이 삶의 순환이듯 나이 들어 늙는 일도 자연스러운 일이니 받아들이라는 식상한 이야기에서 끝나는 것이 아니라 한 단계 더 나아가 늙어감을 "푸른 잎을 밀어 올리는" 것이라고 하지 않는가. 늙어감은 일반적으로 활기를 뺏기고 '색을 잃는 일'인데 '참 시인'은 늙어가면서도 색을 잃지 않으며 오히려 "푸른 잎을" 밀어 올린다. 화려한 꽃이 피는 일은 그저 자연적으로 발생하는 현상이 아니라 잎이 꽃을 밀어 올리는 노력, 안간힘에서 비롯됨.

　'늙어 간다'와 '쓸쓸하게 진다'는 모두 부정적 이미지를 가지고 있다. 거기에 '진다'는 아래로 향한다는 의미로 하강의 이미지까지 더한다. 부정적이고 쇠락하는 하강의 이미지를 가진 원관념을 시인은 잎을 "밀어 올리"고 "다시 피는 일"이라고 변용하며 '올리다', '피다'의 이미지 상승과 '다시'의 긍정의 이미지로 바꾸는 참신한 시도를 보여준다. 일상생활 중 택시기사의 한마디도 놓치지 않고 시로 탈바꿈 시키는 힘. 일상적인 현상들을 시적인 이미지로 전환시킬 수 있는 힘을 가진 자. "참 시인"이 아니고 무엇일까.

　항상 내게 오는
　나이가 기다려 진다
　나이 드는 것
　늙어가는 것
　불편과 불안이 날마다
　늘어나고 튼실해진다
　그래도 늘

새롭고 신선하다
(중략)
오!칠십이라니
이 얼마나 기가 막힌가
곰삭힌 그 맛을 상상한다

- 시 「홍어를 먹다」 부분

아리스토텔레스는 <시학>에서 일찍이 문학의 말씨를 다룸에 있어 가장 중요한 것은 비유를 마음대로 사용하는 것이고 이는 남에게 배울 수 없고 가져 올수도 없는 천재의 표적이라 한 바 있다. 홍어는 이 시인의 기발한 상상력과 비유가 정점으로 드러나는 대상이다. 「홍어를 먹다」라는 제목을 보고 진짜 홍어를 먹은 맛에 대한 감흥을 적은 시로 착각했다. 그러나 마지막 행을 다 읽고 나면 반전이 일어난다.

어디서도 본적 없는 비유의 공식, 홍어=곰삭힌 그맛=칠순의 나이로 정리할 수 있다. 곰삭힌 홍어는 살아있는 신선한 활어 요리가 아니다. 삭히다= (일반이들의 미각에서) 상하다=신선하지 않다로 귀결된다. 보편적으로 봤을때 신선하지 않은 것은 부정적인 이미지로 다가온다. 그러나 이 시인의 손 안에서 홍어는 기가 막히게 삭혀진 작품으로 재탄생한다. 삭히다와 홍어가 만났을때는 한 지역을 대표하는 발효식품의 명물이 되는 것처럼 단순히 오래되고 삭은 일흔의 나이는 시인에게 와서 '시'가 되었다.

우리가 흔히 나이를 먹는다고 하는데 여기서 시인은 '나이'를 홍어로 대체한다. 누가 상상이나 했겠는가. 나이를 먹으면 우리는 성숙해진다고 하는데 삭혀진 홍어로 나이가 대체될 수 있음을 누가 알았겠는가 말이다. '나이를 먹다'는 '홍어를 먹다'와 같은 말이 된다. 오래도록 곰삭힌 그 맛은 "불편과 불안이 늘어나 튼실해진" 맛이다.

우리의 삶에서 불편과 불안이 늘어나면 우울감이 증폭되거나 예민함이 커지는 일이 아닐까 하지만 시인에게 불편과 불안은 삶을 튼실하게 하는 재료일 뿐이다. 누구에게는 겪고 싶지 않고 버리고 싶은 불편과 불안은 홍어의 곰삭은 맛을 최대치로 끌어줄 수 있는 재료가 되어 '오! 칠십'이라는 나이에 이르게 된다.

탄력잃은 피부, 늙어서 끝인 듯 싶은 '칠십'이라는 숫자가 시인에게는 오히려 삶을 "튼실하게" 만들어 주고 있으며 상해서 버려야 하는 생선이 아니라 오히려 '곰삭힌' 홍어로 대체되며 '오! 칠십' 이라는 감탄사를 불러일으키는 맛으로 완성되고 있다. 앞의 시 「잠 시인」에서 늙음을 '푸른 잎을 밀어 올리는 일'로 변용시킨 것처럼 시인은 자신의 나이를 시적 대상으로 삼는 일을 즐겨한다. 나이를 먹는 일이 더 이상 늙어가고 눈치볼 일이 아닌 하나의 멋진 작품으로 재탄생할 수 있는 시의 한 줄 임을 당당하게 누리고 있음은 또 다른 작품에서도 드러난다.

  달력이란 게 사람의 계산과 편리
만들어진 것이거든
애당초 시작과 끝이 따로 있었던 게 아니지
(중략)
나이는 먹는 게 아니야 절대로
먹을 수도 먹힐 수도 없어
 (중략)

그냥 흘러가게 놔두면 좀 좋았겠어

찔레꽃이 피는 걸 오십 두 번 봤다던가
감나무 잎이 서른여섯 번 붉어졌다던가
아니면 상엿집 건너 들판의 무서리가
예순 번째 내렸다던가

- 시 「달력 유감」 부분

  운수 좋아
팔십이 되려면

  입추,

예닐곱 번 보내는 일
  실연을 하여
  시련 당하는 일

그일
- 시 「만약에」 전문

  먼저 시 「달력 유감」을 보면 사람들의 계산과 편리를 위해 열두 달로 나누어진 달력, 그 안에 '깍두기'처럼 잘라 놓은 30일 내지 31일의 숫자들. 단조롭고 평범하기 그지없는 일반적인 세계가 시인은 못 견디게 지루하다. 자신도 할 수 없이 "나는 몇 살이오" 하며 살아가지만 "그냥 흘러가게 놔 두면 좀 좋았겠"냐며 유감을 표시한다.
  유감은 나이 먹은 사람의 청준을 그리워하는 푸념이나 짜증이 아니다. '라떼는 말이야(나 때는 말이야)'라는 식상한 표현으로 그저 세상에 유감을 표시하는 것이 아니다. 시인은 시인만의 방법으로 세상에 반기를 든다. "나이는 먹는 게 아니야 설대로 먹을 수노 먹힐 수도 없"냐고 말한다. 나이가 무슨 음식도 아니고 뭘 그렇게 먹어대는지 도무지 이해가 안되는 시인이다. 그런 의미에서 '나이 먹는 것'의 의미를 대체할 수 있는 사람은 이 시인뿐이 아닐까 한다.
  모든 사람에게 동일하게 '나이를 먹는' 것으로 이야기 하지 않고 누군가에게는 "찔레꽃이 피는 걸 오십 두 번 봤다"고 말할 수 있는 일 또 누군가에게는 "감나무 잎이 서른여섯 번 붉어졌다" 고 말할 수 있는 일 또 누군가에게는 "상엿집 건너 들판의 무서리가 예순 번째 내렸다"고 한껏 담담하게 말할 수 있는 일이 되는 세계를 상상하는 시인.

뿐만 아니라 시「만약에」를 통해서는 앞으로 다가올 자신의 팔십 인생에 대해서도 기대에 찬 시적 상상력을 밝히고 있다. 이제 칠십을 넘어선 시인이 앞으로 '팔십'을 맞이할 수 있는 일은 어쩌면 "운수 좋아" 생길 수 있는 일이지만 그 운수 좋은 날을 맞이 하려면 저절로 '나이를 먹어야' 하는 단순한 일이 아니라 "입추, 예닐곱 번 보내는 일"을 겪어야 하고 때로는 "실연을 하여 시련을 당하는 일"도 있어야 할 것임을 고백한다. 늙어가는 것을 어쩔 수 없는 현상으로 두고 보지 않고 이토록 미묘한 감정으로 드러낼 수 있음은 시인이 깊은 세계 어디선가 끊임없이 '푸른 잎을 밀어 올리는' 덕이리라.

생각을 닫고 걷다 보면
마음 한 귀퉁이 비워진다
일부러 비우려 애쓰지 않아도
어느사이 자잘한 돌들
체 구멍으로 빠져나가

큼직한 돌멩이만 제 자리에 박힌다

(중략)
이미 내 몸이고 내 마음이다
함께 더불어 갈 것이니
가끔 존재를 확인할 뿐이다

하늘 흐리다
한쪽을 잡아당기면
하늘님 눈물이 쏟아지겠다
화르르르

- 시 「아직도 그렇다」 부분

'의미'의 시적인 또 다른 이름을 찾자면 차이, 그 중에서 생각의 차이다. 닫고 비우고 빠져 나가고의 일반적인 의미에서 시인은 생각의 차이를 드러내며 시인만의 의미가 재단생하기 때문이다. "생각을 닫고"에서 '닫다'는 보편적으로 단절, 폐쇄 혹은 대립의 의미를 지닌다. 창문이든 문이든 '닫으면', '안과 밖'의 공간 분절이 이루어지기 때문이다.

공간 분절의 순간 안과 밖은 단절되고 의미가 대립되기

시작한다. 안은 따듯하고 밖은 춥고, 혹은 안은 밝고 밖은 어둡고 등등이 그렇다. 그런데 시인은 여기서 생각의 차이를 표현한다. 생각을 '닫고' 걸었다면 연상될 수 있는 '단절되고 폐쇄되는' 외골수의 상황으로 가는 것이 아니라 "마음 한 귀퉁이가 비워진다'는 전환의 의미로 흘러가며 동시에 소통이 가능한 상황이 발생한다. 비운다가 아니라 '비워진다'이다.

발상의 전환, 이것이 이 시인의 힘이다. 닫았는데 막히지 않고 닫았는데 멈추지 않는다. 닫았는데 고이지 않고 닫았는데 닫히지 않았다. 닫았는데 오히려 열려져 마음 한 귀퉁이가 비워진다. 비우는게 아니라 비워졌다. 의도하지 않아도 가능하다는 것이다.

비워진다의 전제는 '꽉 차 있음'에서 비롯되는 일이다. 그렇다면 시인이 생각을 닫기 전, 생각이 열려 있었을 때는 마음이 꽉 차 있었다는 이야기가 된다. 여기서 다시 일반적인 의미로 돌아가보자면 우리에게 '꽉 차 있음'은 넉넉함, 풍요로움, 안정 등의 긍정적인 의미를 갖는다. 그런데 이 꽉차있음을 비우기 위해 시인은 생각을 일부러 닫고 있다.

시인에게 필요한 것은 세상 속의 풍요로움으로 꽉 차 있는 세속의 마음은 필요하지 않다. 시인에게는 오로지 한 줄 시를 빛내 줄 수 있는 마음의 온기, 따듯한 상상력이 필요할 뿐이다. 앞선 「홍어를 먹다」라는 작품에서도 일상적인 생각과 의미를 뒤집어 나이를 표현했 듯 이 시에서도 마찬

가지로 일상적인 의미를 거꾸로 상상하여 시를 이끄는 힘이 느껴진다.

　새로운 장소, 새로운 대상을 보고 새로운 감정을 드러내는 일은 어렵지 않다. 우리는 새로운 감정, 설렘을 느끼고 싶어 종종 여행을 떠나 새로운 것을 접하려고 하지만 그 설렘은 여행자만의 것이다. 일상의 독자들이 경험할 수 없는, 경험해 보지 않은 세계에 대한 공감과 감동까지 끌어 오지 못한다.

　새로운 세계를 새로운 언어로 드러내는 일이나 익숙한 세계를 익숙한 언어로 드러내는 일은 대단한 일이 아니다. (여기서 '새로운'은 '신선한' 긴장감이 아니라 '낯선' 혹은 '(알 수 없는) 부정확한'으로 이해해야 한다) 독자들은 모호하고 낯선 세계, 부정확한 표현을 좋아하지 않는다. 이는 때로 '시는 어렵다'로 해석되기 때문이다.

　누구나 다 알지만, 누구나 다 겪어 봤지만 쉽게 말할 수 없는 세계 혹은 쉽게 볼 수 없는 세계를 발견하여 말할 수 있는 것이야말로 시인의 역할이다. 일상언어나 산문적 언술에서 언어의 역할은 분명히 사물을 지시하고 전달하고 명명하는 기능에 있다. 하지만 이미 한정되어 있는 언어로 끝없이 생성되는 사물과 감정을 지시하는 일은 부족하다.

　시인들이 느끼는 미묘하고 숱한 감정들을 세세하게 표현하기란 여간 어려운 일이 아니라는 것을 다시 한 번 증명한다. 여기에 비유의 언어가 탄생하고 성립하는 이유가 있다. 일상 언어가 지니는 표현의 한계성을 극복하려는 시인의 눈물겨운 노력의 산물이다. 이미 수없는 사람들이 사용하여 평범해지고 낡은 언어를 조합하여 시인만의 미지의 사물을 표현하는 일은 '창조행위' 그 자체다. 시 「이불 한 권」에서도 '이불'이라는 사물과 책 따위를 세는 단위 '권'은 각각 누구나 알고 사용하는 평범한 말이다. 그런데 시인은 이불 한 채도 아닌 책 한 권도 아닌 "이불 한 권"이라는 새 이름으로 명명하며 언어의 창조행위를 통해 한정된 언어의 세계를 극복한다.

새벽잠도 달아나고
바람도 차다
시집 한 권을 머리 끝까지 끌어 덮었다
한기가 따숩게 데워진다

쿨럭,
기침이 난다
시인에게 문자를 보냈다
시를 읽다가 눈물이 났어요
이제는 눈물이 없는 줄 알았는데
아직은 사람인가봐요!
(하략)

- 시 「이불 한 권」 부분

　이 시에서 이불= 시집이다. 이불을 머리끝까지 끌어 덮으면 우리의 몸은 따뜻해진다. 이불을 덮는 행위로 '한기'는 사라지고 '온기'가 생긴다. 사람이 죽으면 몸에서 온기가 빠져나가기 시작하듯 사람에게 온기는 생명의 현상이다. 한기를 온기로 바꿔주는 이불을 시인은 '시집'이라 말한다. 이불을 덮는 행위=시집을 읽는 행위다. 이는 다시 시집을 읽는 행위= 시인에게 온기를 지키는 일이며 시인의 생명을 유지하는 일로 귀결된다. 우리에게 너무나 일상적인 이불을 덮는 행위를 시인은 '시집 읽기'로 변환함으로써 독자들이 미처 볼 수 없었던 온기의 세계를 건져 펼쳐놓고 있다.
　2연의 "시를 읽다가 눈물이 났'다는 것은 시인에게 "아직은 사람인가" 하는 살아있음의 온기를 주는 현상이다. '시집 한 권을 읽고 감동해 눈물이 났'다는 평범한 진술에서 빗어나 이불 한 권의 온기가 눈물나게 하고 그 눈물은 살아있음에 대한 증거임을 시인은 명확하면서도 탄력있는 시어로 탈바꿈시킨다. 독자들은 이러한 탄력성으로 긴장감을 유지하며 시를 읽고 감동에 이를 수 있다. 비유를 통해 언어의 한계성을 극복하려는 시인의 노력은 여기서 끝나지 않는다. 시 「부부싸움」에서도 노력의 결실이 드러난다.

   티브이 속보가 뜬다
   강릉에서 산불이 났다
   바람이 펄펄 끓어 넘치고
   산도 들도 집도 타고 있다
   기어이, 하늘도 새카맣게 타 버렸다

   새벽잠이 덜 깬 채
   까맣게 탄 집터를 바라보는
   맨발의 노인
   하늘도 내려앉고
   서까래도 무너진 한 생 앞에
   장승되어 서 있다

   (중략)
   오붓한 저녁상을 마주하고
   하루치 고단함을 나눠먹던
   노곤한 부뚜막의 온기가 파산했다

   낮부터 비가 내리기 시작했고 큰불이 잡혔다. 서서히 불길도 잦아들어간다.
  그러나 충분한 강수량이 아니라서 어딘가에 잔불이 남아 있을 수 있다고
  숨어 있는 불씨를 안심하지는 말라는 친절한 저녁 뉴스를 본다
  아나운서의 목소리가 매캐하다

  - 시 「부부싸움」 부분

  이론적으로 시가 차이성 속의 유사성 혹은 인접성에 시작된다고 보는 경향이 크다. 앞의 시에서도 이불의 따듯함 = 시읽기의 감동을 '따듯함'이라고 본 차이성 속의 유사성에서 비롯되었다. 그러나 이 시 안에서 '티브이 속보'와 '부부싸움'은 사실 인접성이나 유사성이 거의 없다. 그럼에도 시인은 두 정황의 관계성을 찾아내 너무도 자연스럽게 부부싸움을 "노곤한 부뚜막의 온기가 파산"함으로 새롭게 명명하고 있다.
  위의 시 「이불 한 권」에서 이불을 끌어 덮는 것으로 시집 읽기를 '온기'로 표현한 것과 반대로 이제는 온기의 파산= 차가움= 부부싸움의 냉랭함으로 보여준다. 그러면서도 티브이 속보를 통해 나오는 강릉의 산불이 하나의 배경에 그치는 것이 아니라 부부 싸움 자체의 정황임을 기막히

게 맞아 떨어지게 한다. 이 얼마나 대단하고도 섬세한 상상력인가 말이다. '활활 타다→끓어 넘치다→새카맣게 타버린 집터'는 사랑의 과정과 일맥상통한다. 불타오르는 사랑→펄펄끓는 마음→ 그러다 싸늘하게 식어버림은 '온기의 파산'으로 귀결되는 두 정황의 타당한 관계성을 시적으로 입증한다.

2연에서 "까맣게 탄 집터를 바라보는 맨발의 노인"은 티브이 속보 속의 인물이기도 하면서 "부뚜막의 온기가 파산"하는 것을 지켜보는 화자이기도 하다. 또 6연에서 "충분한 강수량이 아니라서 어딘가에 잔불이 남아 있을 수 있다"기에 "숨어 있는 불씨를 안심하지 말라"는 표현은 다의성이 느껴진다. 강릉 산불의 재점화 위기이기도 하고 파산한 부뚜막에게 온기를 되찾아 줄 불씨이기도 할 것이다. 하나의 시어도 단정지어 말하지 않는 것, 시인의 부지런함이 엿보인다.

남들은 늦었다고 포기하는 나이, 그러나 시인은 늦었다고 생각할 때가 가장 빠르다는 격언을 몸소 실천하며 정면 돌파한다. 그러면서도 어쩌면 두려운 듯 "입을 언어의 집"이라고 하지만 "건강한 언어"는 "집 나간 지 오래(시「동음이의어」)"라고 시인은 말한다. 그래서 그 집에는 지금 "새파랗게 날 선 칼"과 "송곳", "망치", 그리고 "면도날"까지 숨어 있다고 자책한다.

하지만 시인의 특기를 살려 다르게 생각해보면 답은 금

방 나온다. 무서운 날카로움을 지닌 이 무기같은 단어들은 "동음 이의어"일 뿐이다. 다른 사람을 죽일 수도 있고 해칠 수도 있고 아프게 할 수 있는 날카로움은 반대로 시인의 무딘 마음을 잘라내고 막힌 생각을 뚫어내고 기발한 상상력을 고정시킬 수 있는 시인만의 특별한 무기가 될 수 있다고 확신한다.

이 무기는 '동음이의어'가 되어 시인의 살아있음의 증거가 되는, 온기가 빠져나가는 것을 막아줄 것이며 참 시인이 되는 힘을 시의 세계에 오래도록 그러면서 단단히 박아 놓을 힘이 될 것이라는 것 또한 확신한다.

이은숙 조병화 시인의 추천을 받아 시를 쓰게 되었고
'서울문예상'과 '詩山문학상'을 수상했다.
시집 『자반고등어를 굽다』 『그해 봄 바다』
산문집 『주자천의 죽 쑤며 사는 이야기』가 있다.
국제 펜클럽 회원이며
한국작가회의 부천지부 회원
수주 시 동인이다.
메일-eun2693@hanmail.net

이은숙 시집

개뿔

2024년 10월 10일 초판인쇄
2024년 10월 23일 초판발행

지은이   이은숙
발행인   김인희
만든이   구자룡

만 든 곳   도서출판 산과들
등록번호   제 2023-000050호
주　　소   부천시 조마루로 385번길 92
전　　화   (032)613-5110
메　　일   kjihh@hanmail.net

책값 15,000원
ISBN 979-11-984105-3-5

* 이 시집은 저자와의 협의에 의해 인지를 생략합니다.
* 파손 된 책은 사신 곳에서 교환해 드립니다.
* 저자와 협의 없이 무단 복제는 법의 처벌을 받습니다.